BEI GRIN MACHT SICH IHR WISSEN BEZAHLT

- Wir veröffentlichen Ihre Hausarbeit, Bachelor- und Masterarbeit

- Ihr eigenes eBook und Buch - weltweit in allen wichtigen Shops

- Verdienen Sie an jedem Verkauf

Jetzt bei www.GRIN.com hochladen und kostenlos publizieren

Bibliografische Information der Deutschen Nationalbibliothek:

Die Deutsche Bibliothek verzeichnet diese Publikation in der Deutschen Nationalbibliografie; detaillierte bibliografische Daten sind im Internet über http://dnb.d-nb.de/ abrufbar.

Dieses Werk sowie alle darin enthaltenen einzelnen Beiträge und Abbildungen sind urheberrechtlich geschützt. Jede Verwertung, die nicht ausdrücklich vom Urheberrechtsschutz zugelassen ist, bedarf der vorherigen Zustimmung des Verlages. Das gilt insbesondere für Vervielfältigungen, Bearbeitungen, Übersetzungen, Mikroverfilmungen, Auswertungen durch Datenbanken und für die Einspeicherung und Verarbeitung in elektronische Systeme. Alle Rechte, auch die des auszugsweisen Nachdrucks, der fotomechanischen Wiedergabe (einschließlich Mikrokopie) sowie der Auswertung durch Datenbanken oder ähnliche Einrichtungen, vorbehalten.

Impressum:

Copyright © 2016 GRIN Verlag, Open Publishing GmbH
Druck und Bindung: Books on Demand GmbH, Norderstedt Germany
ISBN: 9783668437470

Dieses Buch bei GRIN:

http://www.grin.com/de/e-book/359349/die-grundlagen-von-macht-und-deren-auswirkungen

Anonym

Die Grundlagen von Macht und deren Auswirkungen

GRIN Verlag

GRIN - Your knowledge has value

Der GRIN Verlag publiziert seit 1998 wissenschaftliche Arbeiten von Studenten, Hochschullehrern und anderen Akademikern als eBook und gedrucktes Buch. Die Verlagswebsite www.grin.com ist die ideale Plattform zur Veröffentlichung von Hausarbeiten, Abschlussarbeiten, wissenschaftlichen Aufsätzen, Dissertationen und Fachbüchern.

Besuchen Sie uns im Internet:

http://www.grin.com/

http://www.facebook.com/grincom

http://www.twitter.com/grin_com

Grundlagen von Macht und deren Auswirkungen

16.09.2016

Inhaltsverzeichnis

1 Einleitung 1
2 Machtdefinition 2
3 Die Grundlagen der Macht - Machtbasentheorien 3
   3.1 Machtbasentheorie von French und Raven 3
      3.1.1 Die sechs Machtbasen 3
      3.1.2 Kritische Auseinandersetzung 7
   3.2 Weitere Machtbasen 8
4 Auswirkungen des Einsatzes von verschiedenen Machtgrundlagen 8
   4.1 Effektivität der verschiedenen Machtgrundlagen 9
   4.2 Auswirkung der Machtgrundlagen auf die Psyche des Machtunterlegenen 9
5 Fazit 10
Literaturverzeichnis 12

Anmerkung: Werden Personenbezeichnungen aus Gründen der besseren Lesbarkeit lediglich in der männlichen oder weiblichen Form verwendet, so schließt dies das jeweils andere Geschlecht mit ein.

1 Einleitung

Der Richter, der den Angeklagten zu Sozialstunden verurteilt. Der Chef, der den Angestellten für ein paar Sonderschichten mit einer Gehaltserhöhung lockt. Der Lehrer, der dem Schüler mit Nachsitzen droht, wenn er seine Hausaufgaben nicht macht. Der Arzt, der dem Skifahrer aus gesundheitlichen Gründen seinen Sport verbietet. Und die Freundin, die ihren Partner dazu überredet, mit ihr Radfahren zu gehen. All diese Situationen haben etwas gemeinsam: In ihnen wird jemand gegen seinen Willen dazu gebracht, ein bestimmtes Verhalten zu zeigen – es wird also Macht[1] ausgeübt.

Es ist jedoch nicht zu bestreiten, dass sich die Macht, die in den obigen Beispielen ausgeübt wird, von Fall zu Fall signifikant voneinander unterscheidet. Dies scheint daran zu liegen, dass sich die Fähigkeit, jemandes Verhalten zu verändern, auf verschiedene Grundlagen stützen kann: Der Partner hat eine viel persönlichere Macht über einen, als der Chef oder der Richter. Es scheint wahrscheinlich, dass sich mit den unterschiedlichen Machtgrundlagen in ihrer Anwendung auch die Auswirkung der Machtausübung verändert – sowohl was die Erfolgschancen als auch was die psychischen Auswirkungen auf den Beeinflussten angeht. Daraus ergibt sich die Fragestellung, der in dieser Hausarbeit nachgegangen werden soll: Welche Auswirkungen haben die verschiedenen Grundlagen der Macht, wenn sie genutzt werden, um Macht über eine andere Person auszuüben?

Dafür ist der Hauptteil in drei Kapitel gegliedert: Begonnen wird mit einem kurzen Abschnitt über den Begriff der Macht, denn aufgrund des nicht fassbaren Wesens der Macht haben sich in der Soziologie eine Menge verschiedener Machtdefinitionen angesammelt. Es muss daher geklärt werden, welcher Machtbegriff dieser Hausarbeit zugrunde liegt. Im darauffolgenden Kapitel geht es um die verschiedenen Machtgrundlagen, meist Machtbasen genannt. Diese zu identifizieren ist notwendig, um später auch auf deren Auswirkungen eingehen zu können. Dabei wird zunächst die bekannteste Machtbasentheorie (die von French und Raven) vorgestellt und kritisch betrachtet, bevor in der weiteren Literatur nach Machtbasen gesucht wird, die über diese Theorie hinausgehen. Im letzten Kapitel des Hauptteils werden dann die Auswirkungen der gefundenen Machtbasen untersucht. Dabei wird sowohl der Aspekt der Effektivität der Machtbasen beschrieben als auch auf die psychischen Auswirkungen eingegangen, die die Machtausübung auf die Person hat, auf die die Macht wirkt. Zum Abschluss dieser Hausarbeit

---

[1] Das hier anklingende Verständnis von Macht ist das, was auch in der Literatur vorherrschend ist. Auf die genaue Bedeutung des Machtbegriffs wird im Hauptteil noch eingegangen werden, für die Einleitung soll ein intuitives Machtverständnis genügen.

steht ein Fazit, das die Ergebnisse zusammenfasst und die Fragestellung abschließend beantwortet.

2 Machtdefinition

Bevor über verschiedene Grundlagen von Macht und deren Auswirkungen geschrieben werden kann, muss zunächst einmal der Begriff der Macht geklärt werden. Hierbei ist anzumerken, dass es eine große Anzahl von Machtdefinitionen gibt, die sich alle ähneln, aber in manchen Aspekten doch signifikant unterscheiden. Die klassische und am häufigsten genutzte Definition geht auf Max Weber zurück. Für ihn bedeutet Macht „jede Chance, innerhalb einer sozialen Beziehung[2] den eigenen Willen auch gegen Widerstreben durchzusetzen, gleichviel worauf diese Chance beruht".[3] Hentze et al. haben versucht, auf Grundlage von dieser und vielen weiteren Definitionen eine Liste von allgemein anerkannten Merkmalen von Macht zusammenzustellen und kommen zu folgendem Ergebnis: Macht ist ein asymmetrischer sozialer Prozess zwischen mindestens zwei Personen, wobei asymmetrisch meint, dass eine Person über die andere Macht ausüben kann. Der Einsatz von Macht wird als intentional angesehen und wirkt auch potenziell, d.h. man kann Macht über jemand anderen haben, ohne sie tatsächlich einzusetzen. Ein letztes Merkmal von Macht, das benannt wird, ist, dass sie sich gegen Widerstände durchsetzen kann. Um diesen Aspekt hat es in der Wissenschaft Diskussionen gegeben, denn einige benennen diesen in ihren Machtdefinitionen nicht. Hentze et al. kommen aber zu dem Schluss, dass es wichtig ist zu betonen, dass sich der Machthaber (im Folgenden meist A genannt) auch gegen Widerstand des Machtunterlegenen (im Folgenden meist B genannt) durchsetzen kann. Wäre dies nicht der Fall, wäre Macht nichts anderes als Einfluss.[4] Dieses Machtverständnis, wie Hentze et al. es beschreiben, soll dieser Hausarbeit zugrunde liegen.

Ein wichtiger Aspekt der Macht soll an dieser Stelle noch kurz erwähnt werden: „Je größer die Abhängigkeit, die B an A bindet, desto größer die Macht, die A über B ausübt."[5] Macht kann natürlich unterschiedlich stark ausgeprägt sein und auch die Reichweite (auf welche Lebensbereiche sie sich erstreckt) variiert. Dies ist in erster Linie dadurch bedingt, wie stark B von A beziehungsweise von seinen Machtgrundlagen abhängig ist.[6] Diese Abhängigkeitsbeziehung

---

[2] „,Soziale Beziehung' soll ein seinem Sinngehalt nach aufeinander gegenseitig eingestelltes und dadurch orientiertes Sichtverhalten mehrerer heißen." – Weber zitiert nach Kruse/Barrelmeyer, S. 93.
[3] Weber zitiert nach Kruse/Barrelmeyer, S. 92.
[4] Vgl. Hentze et al. 2005, S. 348ff.
[5] Robbins 2001, S. 417.
[6] Vgl. ebd.

sollte an dieser Stelle kurz erwähnt werden, da sie für eine Betrachtung des Machtbegriffs wichtig ist, jedoch wird im weiteren Verlauf der Hausarbeit nicht weiter darauf eingegangen werden, da die Gründe für unterschiedlich große Machtausmaße nicht Teil der Fragestellung sind. Für die von Hentze et al. beschriebenen Merkmale von Macht ist es egal, auf welcher Grundlage die Macht der Machthabenden beruht. Max Weber betont dies sogar in seiner Definition nochmal extra, wie oben zu sehen ist. Diese Grundlagen, auf denen die Macht beruht, werden im Folgenden thematisiert.

3 Die Grundlagen der Macht - Machtbasentheorien

Im vorherigen Kapitel ist deutlich geworden, was unter Macht zu verstehen ist. In diesem Kapitel soll nun untersucht werden, worauf sie beruhen kann: Was ist es, das einem Individuum Macht über andere verleiht? Die Grundannahme, die allen Machtbasentheorien zugrunde liegt, ist folgende: Es gibt bestimmte Ressourcen, auf die man zurückgreifen kann, um Macht auszuüben; mit der Knappheit und Wichtigkeit dieser Ressourcen nimmt die Macht ihres Besitzers zu.[7] Diese Ressourcen werden auch als Machtbasen oder Machtgrundlagen bezeichnet und sind damit namensgebend für diese Theorien.

3.1 Machtbasentheorie von French und Raven[8]

In diesem Abschnitt soll nun eine der vielen existierenden[9] Machtbasentheorien vorgestellt werden: die Typologie nach French und Raven, die ursprünglich 1959 veröffentlich worden ist. Dieser Ansatz ist von vielen Autoren immer wieder zitiert und von anderen Wissenschaftlern als Ausgangspunkt genommen worden. Besonders innovativ war damals der Ansatz, auch psychologische Elemente in die Machttheorie mit einzubeziehen. Ein weiterer Vorteil dieser Theorie gegenüber anderen ist, dass der Ansatz über die Jahre von Raven mehrfach überarbeitet wurde, sodass auch neuere Erkenntnisse als die von 1959 aufgenommen wurden.[10]

3.1.1 Die sechs Machtbasen

French und Raven benannten 1959 fünf Machtbasen, 1965 wurde von Raven noch eine weitere ergänzt. Diese sechs sollen in diesem Abschnitt erläutert werden.

---

[7] Vgl. Sandner 1992, S. 16.
[8] French und Raven beschreiben Macht als potentiellen Einfluss, der sich jedoch auch gegen den Willen anderer durchzusetzen weiß. Damit ist ihre Machdefinition anschlussfähig an die hier zugrunde liegende und die Machtbasentheorie nach French/Raven kann im Rahmen dieser Hausarbeit genutzt werden. - vgl. Raven 1992, S. 9f.
[9] Vgl. Heinemann 2008, S. 45.
[10] Vgl. Sandner 1992, S. 17.

Macht durch Belohnung:
Die erste hier vorgestellte Machtbasis ist die Belohnung. Sie stützt sich auf die Fähigkeit, jemanden in eine Situation zu versetzen, die von ihm als positiv empfunden wird oder eine negative Situation für ihn aufzuheben. Dabei hängt es von der Einschätzung von B ab, ob A die Belohnung tatsächlich umsetzen kann, ob die Machtausübung erfolgreich ist.[11] 1992 hat Raven diese Machtbasis nochmal aufgeteilt: Für ihn kann man noch unterscheiden in unpersönliche und persönliche Belohnungsmacht, denn Belohnungen können natürlich materieller Natur sein – also z. B. Geld, Süßigkeiten, Technik -, aber mindestens genauso gut funktioniert (bei Menschen die man mag) Zuneigung als starke Belohnung.[12] Psychologisch gesehen ist die Belohnungsmacht als Verstärkung zu sehen; außerdem ist Belohnung eine sehr wertvolle Machtbasis, da sie knapp ist: materielle Belohnungen sind begrenzt und persönliche Belohnungen können nur bei wenigen Personen angewendet werden.[13]

Macht durch Bestrafung:
Die Machtgrundlage der Bestrafung ist sehr eng verknüpft mit der Belohnung – zum einen ist sie das genaue Gegenteil, zum anderen (wie später noch zu sehen sein wird) ist die Abgrenzung zwischen Belohnung und Bestrafung nicht so einfach, wie sie auf den ersten Blick wirkt. Macht durch Bestrafung stützt sich auf die Furcht von B vor negativen Folgen, die A bewirken kann, und sie ist vermutlich eine der am häufigsten eingesetzten Machtgrundlagen.[14] Psychologisch gesehen baut die Bestrafungsmacht darauf, dass B die Bestrafung schlimmer empfindet als das von ihm geforderte Verhalten. Wie bei der Belohnungsmacht hängt der Erfolg auch hier davon ab, ob B glaubt, dass A die angedrohten negativen Konsequenzen umsetzen kann und wird.[15] Eine weitere Parallele zur Macht durch Belohnung ist, dass Raven auch hier wieder im Nachhinein zwischen unpersönlichen – z. B. Degradierung, Strafarbeit oder das Gewaltmonopol des Staates – und persönlichen Bestrafungen – z. B. Liebesentzug, Entzug der Gnade Gottes – unterschieden hat.[16]

Macht durch Legitimation:
In ihrer ursprünglichen Fassung von 1959 ging es bei dieser Machtbasis darum, dass man aufgrund seiner legitimen, formalen Position - beispielsweise in der Organisationshierarchie eines

---

[11] Vgl. Sandner 1992, S. 17.
[12] Vgl. Raven 1992, S. 15.
[13] Vgl. Wolf 2013, S. 277f.
[14] Vgl. Robbins 2001, S. 415.
[15] Vgl. Wolf 2013, S. 278.
[16] Vgl. Raven 1992, S. 15.

Unternehmens – das Recht hat, Anweisungen zu geben. Daher wird diese Machtart auch Autorität genannt.[17] 1992 erweiterte Raven diese Machtbasis: Macht durch Legitimation kann nun vier Dinge bedeuten, wovon nur eine – die formelle Macht – der ehemaligen Legitimationsmacht entspricht. Die anderen drei sind subtiler und beruhen jeweils auf sozialen Normen. Besagte drei Normen sind Gegenseitigkeit (‚Ich habe dir geholfen, jetzt habe ich das Recht von dir zu verlangen, dass du mir auch hilfst'), Gerechtigkeit (‚Ich habe hart gearbeitet, also kann ich erwarten, dass du genauso hart arbeitest') und Verantwortlichkeit (die Norm, Schwächeren und Hilflosen helfen zu müssen; auch *Power of the powerless* genannt).[18] Allgemein kann also gesagt werden, dass diese Machtbasis dann Anwendung findet, wenn B die Auffassung hat, dass es A zusteht, etwas von ihm zu verlangen – egal ob dies auf Grundlage von faktischen Verpflichtungen (z. B. in Hierarchien, durch Verträge oder Gesetze) oder persönlich wahrgenommenen Verpflichtungen (z. B. anerkannte Normen, Position in sozialen Strukturen oder internalisierte Werte) geschieht. Legitimität ist eine Machtgrundlage, die nicht unterschätzt werden sollte: Das Milgram-Experiment[19] hat sehr beeindruckend gezeigt, was ein Mensch bereit ist zu tun, wenn er glaubt, dass an ihn gerichtete Aufforderungen legitim sind.[20]

Macht durch Identifikation:
Die vierte hier erläuterte Machtbasis ist die Identifikation. A hat in diesem Fall Macht über B, weil dieser ihn als Vorbild sieht und sich mit ihm identifiziert. Durch das Erfüllen von Forderungen von A hofft B, seine Beziehung zu A verbessern zu können und ihm zu gefallen. Das heißt: Je attraktiver A für B ist, desto besser funktioniert diese Form der Machtausübung. Abgesehen von dieser intentionalen Machtnutzung geschieht diese Art der Beeinflussung oft auch unbewusst: Es ist zu beobachten, dass viele die Vorlieben und Verhaltensweisen ihrer Vorbilder (oft auch Vorgesetzten) übernehmen. Dies wird insbesondere in der Werbung oft genutzt: Konzerne, die mit Prominenten werben, hoffen, dass die Identifikationsmacht der Werbefigur groß genug ist, damit die Konsumenten ebenso handeln – und die beworbenen Produkte kaufen.[21] Die bisher beschriebene Identifikationsmacht kann als positive Identifikationsmacht gesehen werden und war in dieser Variante 1959 auch so gemeint. 1992 ergänzte Raven noch eine negative Identifikationsmacht: „But it had been observed that sometimes we may do exactly the

---

[17] Vgl. Heinemann 2008, S. 35.
[18] Vgl. Raven 1992, S. 15f.
[19] In diesem Experiment wurde einem Probanden befohlen, einem angeblichen Schüler (in Wahrheit ein Schauspieler), immer stärkere Elektroshocks zuzufügen. Nur wenige brachen das Experiment vorzeitig ab, die meisten gingen trotz Schmerzensschreie des vorgeblichen Schülers bis zur maximalen Höhe der Elektroshocks. – vgl. Milgram 1963, S. 371ff.
[20] Vgl. Sandner 1992, S. 19.
[21] Vgl. Wolf 2013, S. 279.

opposite of what the influencing agent does or desires that we do. Thus we incorporated into our system the concept of [...] negative referent power."[22]

Macht durch Expertise:
Die letzte der originalen fünf Machtbasen nach French und Raven ist die Expertenmacht. Von dieser Art von Macht kann dann gesprochen werden, wenn B die Forderungen von A erfüllt, weil er glaubt, dass A es aufgrund seines Wissens besser weiß. Dabei ist zunächst einmal unerheblich, ob A wirklich über diese Expertise verfügt, sondern nur, ob B davon ausgeht, dass A mehr weiß als er. Eine Eigenart dieser Machtbasis ist es, dass es oft zu einem sogenannten Halo-Effekt kommt: Das Expertenwissen, über das jemand in einem bestimmten Bereich verfügt, strahlt aus und diese Person bekommt universelle Expertenmacht zugesprochen, obwohl sie gar kein besonderes Wissen in allen Bereichen besitzt.[23] Diese Machtbasis wird nach Robbins immer wichtiger werden, denn durch zunehmende Spezialisierung und Technologisierung werden Fachleute immer wichtiger. Gute Beispiele für Expertenmacht findet man bei Ärzten, Steuerberatern und Anwälte: man vertraut ihnen und handelt nach ihren Anweisungen, weil sie Experten auf ihrem Gebiet sind.[24] Ähnlich wie bei der Identifikationsmacht ergänzte Raven (mit der gleichen Begründung wie bei der Identifikation) auch zu dieser Machtbasis noch eine negative Expertenmacht, die dann vorliegt, wenn B den Eindruck gewinnt, dass A kein wirklicher Experte ist und dementsprechend anders handelt als der angebliche Experte es verlangt.[25]

Macht durch Information:
Die letzte Machtgrundlage, die zur Machtbasentheorie von French und Raven gehört, ist die Informationsmacht. Diese fügte Raven erst nachträglich (1965) hinzu, zuvor wurde sie als Teil der Expertenmacht gewertet. Unter Informationsmacht versteht er die Überzeugung von B durch A durch logische Argumentation und neue Informationen. B ändert sein Verhalten, weil A ihn mit Logik überzeugt. Der Vorteil dieser Machtart – und der große Unterschied zu Expertenmacht - liegt darin, dass sie vom Machtausübenden unabhängig ist. A ist lediglich der Überbringer der Informationen, die Informationen selbst sind der Grund, warum B seine Werte und Einstellungen ändern könnte. Dadurch kann diese Machtart durch Massenkommunikationsmittel gleichzeitig gegenüber einer Vielzahl von Menschen gewirkt werden.[26] Wichtig ist noch, anzumerken, dass die Machtausübung nur dann gelingen kann, wenn B die Informationen auch nachvollziehen bzw. verstehen kann. Kann er das nicht, so wird er sein Verhalten aufgrund

---

[22] Raven 1992, S. 16.
[23] Vgl. Wolf 2013, S. 279.
[24] Vgl. Robbins 2001, S. 416.
[25] Vgl. Raven 1992, S. 16.
[26] Vgl. Sandner 1992, S. 20.

dieser Informationen nicht ändern.[27] 1992 hat Raven auch bei dieser Machtart eine Unterteilung vorgenommen: Er unterscheidet nun zwischen direkter und indirekter Informationsmacht. Bei direkter Informationsmacht geht es ihm dabei um die logische Argumentation von Angesicht zu Angesicht, während es bei der indirekten Informationsmacht lediglich um den Inhalt der Informationen geht.[28]

3.1.2 Kritische Auseinandersetzung

Die Machtbasentheorie von French und Raven hat nicht umsonst so viel Aufmerksamkeit erfahren: Die Stärke der Theorie liegt in ihrer Pragmatik. Sie ist sehr übersichtlich, gut anwendbar und vor allem besitzt sie eine hohe Alltagsplausibilität: Man kann sehr gut nachvollziehen, was French und Raven behaupten und findet viele Beispiele, auf die sich die Machtbasen anwenden lassen. Des Weiteren wird man Schwierigkeiten haben, eine Machtsituation zu finden, die nicht von mindestens einer der Machtbasen abgedeckt wird.[29] Außerdem vereint die Theorie psychologische Elemente mit den damals vorherrschenden rein technischen oder ökonomischen Machttheorien.[30]

Es gibt jedoch auch viel negative Kritik an dem Konzept von French und Raven. Ein Hauptkritikpunkt, der immer wieder vorgebracht wird, liegt in der unklaren Abgrenzung zwischen den Machtgrundlagen. So kann man sich fragen, ob die Aufhebung einer Bestrafung bereits eine Belohnung darstellt. Außerdem gehen Informations- und Expertenmacht sowie Legitimationsmacht und Belohnung/Bestrafung oft miteinander einher.[31]

Gegen diese Kritik ist jedoch einzuwenden, dass French und Raven sogar selbst davon ausgehen, dass meistens mehrere Machtbasen gleichzeitig wirken – dies lässt sich auch gar nicht vermeiden, es kann keine Machtbasenkonzeption geben, in der immer maximal nur eine Machtbasis wirkt. Was die Vermischung von Belohnung und Bestrafung angeht, so verlegen French und Raven die Abgrenzung, wann etwas als Strafe oder als Belohnung einzuordnen ist, ins subjektive Unterbewusstsein des Machtunterlegenen.[32] Dies ist insbesondere für diese Hausarbeit sehr sinnvoll, da für die Auswirkung (wie in Kapitel 4 zu sehen sein wird) die Unterscheidung zwischen Bestrafung und Belohnung durchaus wichtig sein wird.

Der zweite große Kritikpunkt, der auch nicht zu entkräften sein wird, ist, dass den Machtbasen konzeptionell unterschiedliche Kriterien zugrunde liegen: Identifikationsmacht und normative

---

[27] Vgl. Wolf 2013, S. 280.
[28] Vgl. Raven 1992, S. 16.
[29] Vgl. Sandner 1992, S. 22ff.
[30] Vgl. Heinemann 2008, S. 36.
[31] Vgl. Sandner 1992, S. 23.
[32] Vgl. a.a.O., S. 18ff.

Legitimationsmacht haben ihren Ursprung in B und sind nicht als Ressource von A zu verstehen und auch bei der Expertenmacht kommt es darauf an, ob B A als Experten sieht. Manche Machtbasen werden also aus der Sicht von A, manche aus der Sicht von B betrachtet. Diese Ungenauigkeit kann ihren Ursprung darin haben, dass French und Raven keine klare Machtbasen-Definition zugrunde legen.[33]

3.2 Weitere Machtbasen

Da in dieser Hausarbeit das Ziel verfolgt wird, die verschiedenen Grundlagen der Macht herauszufinden und wie sich diese auf die Machtunterlegenen auswirken, wäre es nicht sinnvoll, nur eine Machtbasentheorie zu untersuchen, auch wenn es diejenige ist, die am häufigsten wiedergegeben wird. Daher soll in diesem Abschnitt betrachtet werden, ob andere Wissenschaftler weitere oder andere Machtbasen zu erkennen geglaubt haben.

Genau eine solche Untersuchung nimmt Heinemann vor. Er hat etwa 20 Machtbasentheorien aus den vergangenen sechs Jahrzehnten betrachtet und kommt zu dem Schluss, dass es einen ziemlich großen Konsens unter all diesen gibt. Beim Vergleich mit der Theorie von French und Raven lässt sich feststellen, dass keine Machtbasentheorie eine wirkliche Ergänzung vornimmt. Zwar werden die Machtbasen oft anders benannt (Beispiel: statt Identifikationsmacht wird bei Kelman Attraktivitätsmacht beschrieben), teilweise werden mehrere Machtbasen zu einer zusammengefasst (Beispiel: aus Bestrafung- und Belohnungsmacht wird bei Krüger Sanktionsmacht) und oft ist das Verständnis der gleich benannten Machtbasen ein leicht anderes, aber diese Unterschiede sind nur marginal und so lassen sich fast alle Machtbasen anderer Theorien denen von French und Raven zuordnen.[34]

Die wenigen Machtbasentheorien, die versuchen, qualitativ neue Machtbasen zu benennen, scheitern nach Heinemann daran: Keine der Machtbasen hält einer näheren Betrachtung stand, sondern sie beschreiben nur Art und Weisen, wie Macht ausgeführt wird, keine Ressourcen, auf die sich die Macht stützt. Als Beispiel kann hier die Netzwerk-Macht von Mintzberg gesehen werden, bei der es um die Kontakte geht, die ein Mensch hat. Hier ist eher eine Nutzung von Drittmacht zu sehen und keine eigene Machtbasis.[35]

4 Auswirkungen des Einsatzes von verschiedenen Machtgrundlagen

Da nun die nötige Vorarbeit geleistet ist, können im Folgenden die verschiedenen Auswirkungen betrachtet werden, die der Einsatz der verschiedenen Machtbasen hat.

---

[33] Vgl. Sandner 1992, S. 22.
[34] Vgl. Heinemann 2008, S. 37ff, insb. S. 45.
[35] Vgl. a.a.O., S. 43f.

Im ersten Abschnitt soll die intendierte Auswirkung von Macht betrachtet werden: Welche Machtbasen sorgen für eine effektive Machtausübung? Im zweiten Abschnitt werden dann die emotionalen Auswirkungen der verschiedenen Machtarten auf B beschrieben.

4.1 Effektivität der verschiedenen Machtgrundlagen

Um diese Frage nach der Effektivität zu beantworten, muss zunächst einmal betrachtet werden, welcher Prozess beim Machtunterlegenen abläuft, wenn mithilfe einer der Machtbasen erfolgreich Macht auf ihn ausgeübt wird. Nach Staehle folgt auf Belohnungen und Bestrafungen lediglich ein unwilliges Nachgeben, auf Experten-, Informations- und Legitimitätsmacht folgt eine Internalisierung der Werte des Machtausübenden und bei Macht durch Identifikation wird eine Beziehung zum Beeinflussenden aufgebaut, indem man sich mit dessen Werten identifiziert. An dieser Stelle sollte schon klar sein, dass Belohnung und Bestrafung nicht so gut geeignet sind, um langfristige Wirkungen zu erzielen, lediglich kurzfristige Machtausübung ist mit ihnen als Basis möglich.[36] Dies zeigt sich auch in verschiedenen Studien, die Hentze anführt: Bestrafungsmacht ist nie sinnvoll, da selbst bei erfolgreichem Einsatz das gewünschte Verhalten von B nur so minimal wie möglich gezeigt wird, um nicht bestraft zu werden. Belohnungsmacht ist an diesem Punkt schon deutlich motivierender, aber die Belohnungserwartungen steigen von Mal zu Mal. Nach Studien von Schneider sind insbesondere Informations- und Identifikationsmacht geeignet, langfristige Machtstrukturen aufzubauen.[37] Insgesamt ist zu sagen, dass sich über viele Studien hinweg folgendes Bild zeichnet: Informations-, Experten- und Identifikationsmacht scheinen langfristig die nützlichsten und erfolgreichsten Machtbasen zu sein, Belohnung wirkt nur kurzfristig gut und Bestrafung sollte die letzte Möglichkeit sein, die genutzt wird, da hier auch bei erfolgreicher Machtdurchsetzung keine gute Wirkung erzielt wird. Bei legitimer Macht hat es immer wieder unterschiedliche Ergebnisse gegeben, ob diese Machtart effektiv ist, um die angestrebten Ziele zu erreichen.[38]

4.2 Auswirkung der Machtgrundlagen auf die Psyche des Machtunterlegenen

Nachdem nun untersucht wurde, welche Machtbasen die besten Ergebnisse im Hinblick auf die Machtausübung hervorbringen, soll in diesem Abschnitt untersucht werden, welche psychischen Auswirkungen die Anwendung der verschiedenen Machtbasen auf den Machtunterlegenen hat.

An dieser Stelle folgt die oben angekündigte Begründung, warum es sinnvoll ist, Belohnung

---

[36] Vgl. Staehle 1994, S. 381.
[37] Vgl. Hentze et al. 2005, S. 363f.
[38] Vgl. Steinle 1978, S. 136ff; Gölzner 2006, S. 170f.

und Bestrafung nicht als eine Machtbasis zu fassen: Je nachdem, was B für ein Gefühl hat, welche Machtbasis genutzt wird, entwickelt B entweder negative Gefühle gegenüber A (bei Bestrafung) oder aber die Attraktivität von A steigert sich (bei Belohnung).[39] Dies hat damit auch eine direkte Auswirkung auf die Machtbasis der Identifikation – Belohnung kann späteren Einsatz von Identifikationsmacht verbessern, Bestrafung verschlechtern, weshalb die Belohnungsmacht immer zu bevorzugen ist.[40]

Laut Wolf hängt die Reaktion der Betroffenen von der Härte der eingesetzten Grundlage ab. Als harte Machtbasis gilt für ihn Bestrafung, als weiche Machtbasen Information, Expertise, Belohnung und Identifikation. Legitime Macht wird von ihm nicht eindeutig zugeordnet. Wolf stellte in Untersuchungen fest, dass weiche Machtbasen eine bessere emotionale Beziehung zum Machtausübenden ermöglichen als harte Machtbasen.[41]

Interessant ist auch, dass Berthel und Becker auch in Gruppen positive Wirkungen von gewissen Machtbasen feststellen können: Falls es in Gruppenhierarchien zu Machtausübungen durch Expertentum oder Identifikation kommt, so gibt es in diesen Gruppen weniger Stress und ein höheres Sicherheitsbefinden.[42]

Die bisher vorgestellten Ergebnisse werden von anderen Studien weitgehend bestätigt, insgesamt zeichnet sich folgendes Bild: Experten-, Identifikations-, Belohnungs- und Informationsmacht korrelieren mit hoher Zufriedenheit beim Machtunterlegenen, über legitime Macht gibt es wie schon bei Abschnitt 4.1 unterschiedliche Ergebnisse und Bestrafung korreliert immer mit sehr geringer Zufriedenheit.[43]

5 Fazit

In dieser Hausarbeit sollte die Frage beantwortet werden, wie sich die existierenden Machtbasen auswirken – sowohl im Hinblick auf die intendierte Wirkung als auch auf die unbeabsichtigte psychologische Wirkung auf den Machtunterlegenen. Dafür wurde zunächst der Machtbegriff festgelegt, der der Hausarbeit zugrunde liegt, um in Kapitel drei dann untersuchen zu können, welche Machtbasen in der Literatur angeführt werden. Dabei wurde zunächst das Raster von French und Raven betrachtet, das in seiner aktuellsten Form in Tabelle 1 übersichtlich dargestellt wird.

---

[39] Vgl. Sandner 1992, S. 18.
[40] Vgl. a.a.O., S. 21f.
[41] Vgl. Wolf 2013, S. 289ff.
[42] Vgl. Berthel/Becker 2007, S. 72.
[43] Vgl. Steinle 1978, S. 136ff; Gölzner 2006, S. 170f.

Tabelle 1: Machtbasen und ihre Differenzierung nach Raven 1992, S. 14.

Machtbasis	Weitere Differenzierung
Bestrafung	Persönliche Bestrafung
	Unpersönliche Bestrafung
Belohnung	Persönliche Belohnung
	Unpersönliche Belohnung
Legitimität	Formale Legitimität
	Legitimität aus Gegenseitigkeit
	Legitimität aus Gerechtigkeit
	Legitimität aus Verantwortlichkeit
Expertise	Positive Expertise
	Negative Expertise
Identifikation	Positive Identifikation
	Negative Identifikation
Information	Direkte Information
	Indirekte Information

Abgesehen von diesen Machtbasen konnten in der Literatur keine weiteren Machtbasen gefunden werden, die als sinnvolle Ergänzung zu den sechs von French und Raven gesehen werden können.

Die Betrachtung der Auswirkungen in Kapitel 4 zeigte interessante Ergebnisse, auch wenn leider die weiteren Differenzierungen der Machtbasen nicht untersucht werden konnten. Es zeigte sich, dass zum Erreichen seiner Ziele der Machthaber langfristig am besten auf die Machtbasen Expertise, Identifikation und Information setzen sollte, kurzfristig zeigt sich auch die Belohnungsmacht als nützlich. Die schlechtesten Ergebnisse wurden mit der Bestrafungsmacht erzielt. Ein durchaus ähnliches Bild zeigte sich bei den positiven und negativen Auswirkungen auf die Psyche des Machtunterlegenen: Belohnungs-, Identifikations-, Experten- und Informationsmacht sorgten für hohe Zufriedenheit und Wohlbefinden, während Bestrafung mit negativer Zufriedenheit korreliert. Untersuchungen zur legitimen Macht haben bei beiden untersuchten Aspekten keine eindeutige Antwort auf ihre Auswirkungen geliefert.

Abschließend lässt sich sagen, dass das Modell von French und Raven trotz aller Kritik alle relevanten Machtbasen beschreibt und dass sich durchaus große Unterschiede in Bezug auf die Auswirkungen der sechs Machtbasen erkennen lassen. Für weitere Forschung wäre es interessant, näher zu betrachten, inwieweit die verschiedenen Machtbasen miteinander korrelieren und welche gegenseitigen Auswirkungen zwischen den Machtbasen existieren.

Literaturverzeichnis

Berthel, Jürgen / Becker, Fred G., 2007: Personal-Management. Grundzüge für Konzeptionen betrieblicher Personalarbeit. Stuttgart: Schäffer-Poeschel.

Gölzner, Herbert, 2006: Erfolg trotz Führung. Das Systemisch-integrative Führungsmodell: Ein Ansatz zur Erhöhung der Arbeitsleistung in Unternehmen. Wiesbaden: Deutscher Universitäts-Verlag.

Heinemann, Patrick, 2008: Power Bases and Informational Influence Strategies. A Behavioral Study on the Use of Management Accounting Information. Wiesbaden: Deutscher Universitäts-Verlag.

Hentze et al., 2005: Personalführungslehre. Bern, Stuttgart, Wien: Haupt Verlag.

Kruse, Volker / Barrelmeyer, Uwe, 2012: Max Weber. Eine Einführung. Konstanz und München: UVK Verlagsgesellschaft mbH.

Milgram, Stanley, 1963: Behavioral Study of Obedience. In: Journal of Abnormal and Social Psychology, Jahrgang 67: Heft 4, S. 371-378.

Raven, Bertram H., 1992: The Bases of Power: Origins and Recent Developments. A Presentation in Honor of John R. P. French on the Occasion of His Receiving the Kurt Lewin Award. Los Angeles: Department of Psychology, UCLA.

Robbins, Stephen P., 2001: Organisation der Unternehmung. München: Pearson Studium.

Sandner, Karl, 1992: Prozesse der Macht. Zur Entstehung, Stabilisierung und Veränderung der Macht von Akteuren in Unternehmen. Heidelberg: Physica-Verlag.

Staehle, Wolfgang H., 1994: Management. München: Vahlen.

Steinle, Claus, 1978: Führung. Grundlagen, Prozesse und Modelle der Führung in der Unternehmung. Stuttgart: C. E. Poeschel Verlag.

Wolf, Joachim, 2013: Organisation, Management, Unternehmensführung. Theorien, Praxisbeispiele und Kritik. Wiesbaden: Springer Gabler.

BEI GRIN MACHT SICH IHR WISSEN BEZAHLT

- Wir veröffentlichen Ihre Hausarbeit, Bachelor- und Masterarbeit

- Ihr eigenes eBook und Buch - weltweit in allen wichtigen Shops

- Verdienen Sie an jedem Verkauf

Jetzt bei www.GRIN.com hochladen und kostenlos publizieren